Marion Dawidowski

Dekorative Laubsägearbeiten für Zuhause

Marion Dawidowski

Dekorative Laubsägearbeiten für Zuhause

Anleitungen · Vorlagen

Augustus Verlag

Inhalt

Vorwort

In diesem Buch möchte ich Ihnen Dekorationen aus Holz für das ganze Jahr vorstellen. Wenn im zeitigen Frühjahr, nach den dunklen Winterwochen, die ersten Schneeglöckchen noch zaghaft aus dem kalten Boden kommen, freuen wir uns über bunte Blüten und lustige Käfer in der Wohnung. Sie bringen den Frühling auf Trab. Zu Ostern darf natürlich der Osterhase nicht fehlen. Wir treffen den frechen Gesellen überall an: auf Schränken, Regalen und Fenstersimsen – beim Spielen oder beim Verstecken eines Osternestes. Im Sommer dominieren kräftige Farben und Motive, die den Urlaub nach Hause holen oder die Vorfreude auf die leckeren Früchte des Gartens wecken. Schäfer und Rabe zeigen uns, daß der Herbst da ist. Aus dem mit Efeu und Bucheckern umrankten Kranz blitzt frech eine kleine Hexe. Sie freut sich bestimmt schon auf die wilden Herbststürme...
Der Winter und die Adventswochen mit ihren langen Abenden haben einen besonderen Zauber. Der Duft von Nelken, Zimt und Nüssen liegt in der Luft. Unterstreichen Sie die winterliche, festliche Stimmung mit Engeln, dem jonglierenden Schneemann oder Weihnachtssternen aus Holz.
Die Motive sind vielfältig verwendbar und werden mit verschiedenen Materialien kombiniert. So erhält das Grundmaterial Holz durch die Kombination mit Stoff, Draht, Zweigen, Perlen und Schleifenband eine besonders plastische Wirkung.
Mit einer einfachen Laubsäge und ein paar Sperrholzresten vom Tischler können auch Ungeübte viele schöne Dekorationen entstehen lassen. Das Aussägen der Motive kostet zwar ein wenig mehr Kraft, als beispielsweise das Schneiden mit der Schere, dafür sind Ihre Kreationen langlebig. Sie können diese immer wieder verwenden und durch neue ergänzen. Und nun viel Spaß beim Basteln!

Ihre

Marion Dawidowski

Materialien

- Transparentpapier
- Kohlepapier
- Sperrholz
- Rundholzstäbe
- Dübel
- Holzleim
- Stiftnägel
- Farben
- Lackstift in Schwarz

Accessoires wie Perlen, Bindedraht, Bast und Stoffreste sind in den Materiallisten der Anleitungen angegeben.

Das Holz

Sperrholz

Sperrholz besteht aus dünnen Furnieren, die kreuzweise übereinander geleimt sind. Dickere Platten enthalten meist Füllschichten aus weniger wertvollem Material. Sperrholz gibt es aus verschiedenen Hölzern, in verschiedenen Dicken. Möchten Sie eines der Motive für den Außenbereich herstellen, verwenden Sie dafür wasserfest verleimtes Sperrholz. Es läßt sich etwas schwerer sägen als anderes Sperrholz, weist aber eine gute Kantenverarbeitung auf. Wichtig: Es muß wetterfest versiegelt werden.
Birkensperrholz ist ein festes, helles Sperrholz mit feiner Maserung.
Kiefernsperrholz hat eine kräftige, grobe Maserung, die von hellgelb bis rötlich schimmert.
Balsaholz ist ein sehr weiches, leichtes Holz, das sich leicht sägen läßt.
Pappelsperrholz ist leicht, hell, fest und kurzfaserig. Es wird jedoch kaum als Rest in Tischlereien und Baumärkten angeboten.
Limba hat keine Maserung, sondern die Oberfläche sieht aus, als wäre sie mit Nadeln geritzt. Dieses Holz hat eine leicht rötliche Farbe.
Buchensperrholz ist ein festes, kurzfaseriges Holz mit rötlicher Farbe.

Generell können Sie folgendes bei der Holzauswahl berücksichtigen:

- Je feiner die Maserung und kurzfaseriger das Holz, desto sauberer der Schnitt.
- Mehrschichtig verleimtes Sperrholz ist stabiler als solches mit nur drei Schichten.
- Wasserfest verleimtes Sperrholz ist haltbarer gegenüber Witterungseinflüssen.

Sperrholz erhalten Sie in Holzhandlungen, Baumärkten und Tischlereien. Fragen Sie nach preiswerten Reststücken.

Vor dem Holzkauf sollten Sie überlegen, welche Farben Sie verwenden möchten. Während Holzbeizen auf hellem Holz am schönsten leuchten, spielt bei deckenden Lacken die Holzfarbe keine Rolle.

Massivholz

Für einige Arbeiten habe ich Kiefernholz verwendet. Es hat eine auffallende Maserung und läßt sich gut verarbeiten. Es ist als Glattkantbrett oder stabverleimte Platte in Baumärkten oder Holzhandlungen erhältlich. Ebenso können Sie das etwas härtere Buchenholz verwenden. Wichtig: Beides läßt sich mit einer Handlaubsäge nur schwer sägen.

Sperrholz und Rundholzstäbe gibt es in verschiedenen Holzarten.

5

Die Farben

Die Auswahl der Farben richtet sich in erster Linie nach dem Verwendungszweck und Ihrem Geschmack. In den Materiallisten der Anleitungen finden Sie jeweils Angaben über die von mir verwendeten Farben.

Holzbeizen

Farbige Holzbeizen gibt es in verschiedenen kräftigen Farbtönen. Sie lassen sich untereinander mischen und mit Wasser verdünnen (aufhellen). Beizen färben zwar das Holz, die Maserung bleibt aber sichtbar und die Oberfläche offenporig. Alle gebeizten Oberflächen, die mit Feuchtigkeit in Berührung kommen, müssen mit Klarlack versiegelt werden. Die Beize zuvor gut trocknen lassen. Klar voneinander abgegrenzte Flächen sind schwer zu erreichen, da die Farben durch ihre wäßrige Konsistenz ineinander laufen. Da hilft ein kleiner Trick: Dort, wo zwei Farbtöne aneinander grenzen sollen, malen Sie zunächst mit einer farblich passenden, matten Bastelfarbe einen schmalen Strich als Trennlinie.
Bei vorher angefeuchteten Oberflächen können Sie durch Verwischen zweier Farbtöne schöne Farbverläufe erzielen. Auf hellem Holz leuchten die Farben besonders schön. Ein einmaliger Farbauftrag genügt.

Wasserfarben

Diese – wohl in jedem Haushalt vorhandenen – Farben eignen sich besonders für die Arbeit mit Kindern. Sie lassen sich problemlos von Händen und Kleidung entfernen. Je nachdem, ob den Farben Deckweiß beigemischt wird, kann das Ergebnis sowohl transparent als auch deckend sein. Der Farbauftrag muß anschließend mit Klarlack versiegelt werden.

Buntlack

Bei allen Holzarbeiten, die Feuchtigkeit oder dem Wetter ausgesetzt sind, wird Lack verwendet. Wasserlösliche Acryl-Lacke sind nach dem Trocknen wasserfest. Sie lassen sich untereinander mischen und werden in zwei Schichten aufgetragen. Für lasurähnliche Effekte können Sie diese Farben mit Wasser verdünnen und anschließend mit Klarlack lackieren. Nach meiner Erfahrung sind jedoch Lacke auf Kunstharz-Basis am wetterbeständigsten. Hier benötigen Sie Terpentinersatz zum Reinigen der Pinsel. Sie erhalten glänzende oder matte Lacke im Farbenfachgeschäft, in Baumärkten oder in kleinen Mengen als Bastelfarbe im Hobbybedarf.

Klarlack

Sie können, je nach persönlichem Geschmack, zwischen glänzendem oder mattem Lack wählen. Klarlack versiegelt alle Holzoberflächen wasserfest und schützt vor Staub. Wollen Sie mit Holzbeizen bemalte Flächen versiegeln, testen Sie auf einem Reststück, ob sich der Lack mit der Beize verträgt. Es kann sonst eventuell zu Bläschen im Lack oder zu Farbveränderungen kommen.

Lackstift

Feine Linien oder Augen lassen sich auch gut mit einem Lackstift aufmalen. Achtung: Auf unbehandeltem Holz kann der Farbauftrag zerfließen. Vorher mit Klarlack oder Buntlack lackieren.

Sonstige Materialien

Rundholzstäbe

Sie bekommen Rundholzstäbe in Baumärkten, aber auch in einigen Bastelgeschäften. Wählen Sie Buchenholz, da es fester ist als Weichholz (Kiefer, Fichte). Die benötigten Durchmesser entnehmen Sie den Materiallisten der jeweiligen Anleitung.

Leim

Zum Verbinden einzelner Teile oder Stäbe verwenden Sie Holzleim. Sie bekommen ihn in Bastelgeschäften oder Baumärkten. Für den Außenbereich benötigen Sie wasserfesten Leim.

Nägel

Zum Befestigen der Stäbe oder Aufsetzen von Einzelteilen benötigen Sie Stiftnägel. Ich habe Nägel in der Größe 1 mm mal 15 mm verwendet. Sie erhalten Stiftnägel im Baumarkt.

Werkzeuge

- Weicher Bleistift
- Schere
- Laubsäge
- Sägeblätter für Holz
- Schmirgelpapier, Körnung 150-180
- Bohrmaschine
- Holzbohrer, 4-10 mm ⌀, 40 mm ⌀ für Teelichter
- Metallbohrer, 3 mm ⌀
- Hammer
- Schraubzwingen
- Seitenschneider
- Pinsel

Die Laubsäge

Die vorgestellten Bastelarbeiten lassen sich alle mit einer Handlaubsäge arbeiten. Zur Ausstattung gehören der Laubsägebogen und das Sägetischchen mit einer Schraubklemme. Sie erhalten diese in Bastelgeschäften oder Baumärkten. Wer eine elektrische Laubsäge (Dekupiersäge) hat oder diese ausleihen kann, erleichtert sich die Arbeit um vieles. Dekupiersägen gibt es in verschiedenen Ausstattungen und Preislagen in Baumärkten und Werkzeugfachgeschäften. Beim Kauf einer solchen Säge sollten Sie besonders darauf achten, daß die Sägetiefe, also der Abstand vom Sägeblatt bis zur Verbindung zwischen Sägearm und Motorgehäuse für die von Ihnen geplanten Motive groß genug ist. Ebenfalls sehr wichtig ist ein in sich stabiler und gut befestigter Sägearm. Hat sich dieser einmal verzogen, erzielen Sie keinen geraden Sägeschnitt mehr.

Das Sägeblatt

Sägeblätter für Holz gibt es in verschiedenen Stärken. Dünne Sägeblätter mit feinen Zähnen (Nr. 1) werden für dünnes Holz benutzt. Die kräftigeren mit den gröberen Zähnen sind für dickeres Holz. Mit einem zu groben Sägeblatt würde dünnes Sperrholz beim Sägen an der Schnittkante ausreißen.

Sonstige Werkzeuge

Die Bohrmaschine

Die Bohrmaschine muß ein Bohren mit hohen Drehzahlen ermöglichen, um das Ausreißen der Bohrränder zu vermeiden. Zweckmäßig ist ein Bohrständer, da so mehrere Teile übereinander in einem Arbeitsgang durchbohrt werden können. Beim Ausbohren der Vertiefungen für Teelichter ist ein Bohrständer unbedingt erforderlich.

Die Bohrer

Holzbohrer gibt es von 4 mm bis 14 mm Durchmesser. Von 15 mm bis 35 mm Durchmesser findet man sie unter der Bezeichnung Forstnerbohrer. In einigen Anleitungen wird für Bohrungen die Maßangabe 3 mm Durchmesser genannt. Verwenden Sie hier einen Metallbohrer. Bei so einem geringen Durchmesser ist eine Zentrierspitze nicht unbedingt erforderlich.

Das Schmirgelpapier

Für die in diesem Buch gezeigten Arbeiten benötigen Sie Schmirgelpapier für Holz mit der Körnung 150 bis 180. Je größer die Zahl, desto feiner die Körnung. Sie erhalten Schmirgelpapier in Baumärkten.

Die Pinsel

Einfache Borstenpinsel oder Naturhaarpinsel von Nr. 4 bis 14 sind hier zweckmäßig. Drei Größen z.B. 5, 8 und 12 reichen zunächst aus. Für das Malen von Gesichtern eignen sich Synthetik- oder Marderhaarpinsel am besten. Diese Pinsel sind zwar teurer, aber wesentlich formstabiler und bilden eine feine Spitze. Ein Pinsel der Größe Nr. 2 oder 3 genügt. Nach dem Ausspülen die Pinsel immer mit den Pinselhaaren nach oben in einem Gefäß zum Trocknen stellen. Pinsel erhalten Sie im Bastelgeschäft und zum Teil in Baumärkten.

Schmirgelpapier, Bohrer, Leim und Schraubzwingen gehören zur Grundausstattung. Markierungshilfen sind sehr nützlich.

Allgemeine Arbeitstechniken

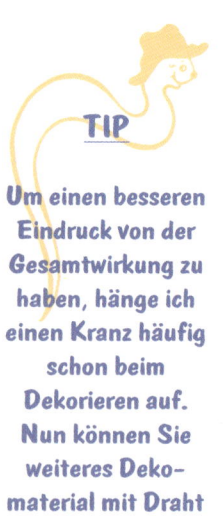
Übertragen der Vorlagen

Pausen Sie die Motive mit Hilfe von Butterbrot- oder Transparentpapier von der Vorlage ab. Legen Sie Ihre Zeichnung auf den Holzrest, und schieben Sie nun einen Bogen Kohlepapier dazwischen. Ziehen Sie alle Linien mit einem Stift nach. Wollen Sie ein Motiv häufiger verwenden, lohnt sich das Anfertigen einer Schablone. Kleben Sie dazu das Butterbrotpapier mit dem abgepausten Motiv auf ein Stück Tonkarton, und schneiden Sie dieses aus. Nun können Sie es mehrfach auf das Holz auflegen und jeweils mit einem weichen Bleistift umfahren. Die Innenlinien für die Bemalung zeichnen Sie freihändig ein oder übertragen diese ebenfalls mit Kohlepapier.

Sind nach dem Schmirgeln die Innenlinien nicht mehr vollständig, dann schraffieren Sie diese auf der Rückseite der Transparentpapiervorlage mit Bleistift, legen sie an den Umrissen paßgenau auf das Holz und zeichnen die Linien nach. Übertragen Sie auch alle Markierungen wie Kreuze und Pfeile. Die Kreuze stehen für Bohrungen in die Fläche eines Motivs, die Pfeile geben an, wo seitlich in ein Werkstück hineingebohrt werden muß.

Aussägen der Motive

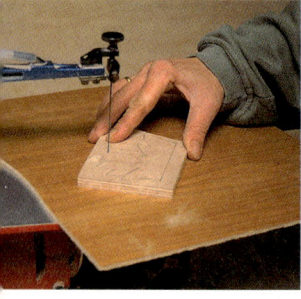

Legen Sie beim Sägen einen Sperrholzrest oder Preßpappe unter das Werkstück. Der Sägeschnitt wird so exakter.

Zunächst wird das Sägeblatt in die Laubsäge eingespannt. Beachten Sie, daß die Sägezähne, wenn Sie die Säge am Griff festhalten, vom Sägebogen weg und nach unten zeigen. Das Sägeblatt erst auf einer Seite zwischen den Klemmbacken festschrauben. Nun ebenso mit der anderen Seite verfahren, dabei gleichzeitig den Bogen der Säge etwas zusammendrücken. So ist das Sägeblatt gespannt. Schrauben sie die „Sägehilfe" (Sägetischchen) mit der dazugehörigen Zwinge an der Arbeitsplatte fest. Sie verhindert, daß in die Arbeitsplatte hineingesägt wird. Legen Sie das Sperrholz auf die „Sägehilfe", und halten Sie es mit einer Hand fest. Mit der anderen Hand ziehen Sie die Säge von oben nach unten durch das Holz. Achten Sie

darauf, daß Sie die Säge dabei nicht nach vorne drücken. Bei der Aufwärtsbewegung die Säge ganz locker führen. Sie bekommen sehr schnell ein Gespür für die richtige Handhabung. Wenn Sie mit einer Dekupiersäge arbeiten, lesen Sie zuvor die Bedienungsanweisung. Beim Sägen von spitzen Winkeln oder engen Kurven die Säge nicht in die neue Richtung drehen. Das Sägeblatt würde sich verdrehen und reißen. Sägen Sie auf der Stelle den Sägespalt etwas breiter, und drehen Sie das Holz langsam in die neue Richtung. Oder beginnen Sie an einer anderen Stelle neu und sägen zum ersten Schnitt hin. Eine weitere Möglichkeit ist das Vorbohren von kleinen Löchern an schwierigen Stellen. Ebenso gehen Sie vor, wenn Sie ein Motiv mit innenliegenden Ausschnitten sägen möchten. Durch das vorgebohrte Loch hindurch wird das Sägeblatt neu eingespannt. Bei Dekupiersägen erzielen Sie einen saubereren Schnitt, wenn Sie etwas Preßpappe unter das Holz legen.

Bohren

Verwenden Sie nur scharfe, noch recht neue Holzbohrer. Diese erkennen Sie an der Zentrierspitze. Für besonders kleine Bohrungen verwenden Sie einen Metallbohrer mit 3 mm Durchmesser. Legen Sie beim Bohren immer einen Holzrest unter das Motiv und befestigen Sie alles mit Schraubzwingen an der Arbeitsplatte. So beugen Sie Verletzungen vor und verhindern ein Ausfransen der Bohrung. So können Sie mehrere Teile gleichzeitig durchbohren. Sehr hilfreich ist ein Bohrständer. Bei einigen Objekten werden Bohrungen schräg ausgeführt. Setzen Sie den Bohrer hier zunächst gerade an, damit er nicht wegrutscht. Neigen Sie dann während des Bohrens den Bohrer langsam in die gewünschte Richtung. Um Vertiefungen für Teelichter auszubohren, wird ein Bohrer mit 40 mm Durchmesser benötigt. Dieser ist jedoch recht teuer. Fragen Sie in einer Tischlerei, ob man Ihnen dort diese Vertiefungen bohrt. Hier wird so ein

Durchmesser gelegentlich für Scharniere benutzt. Eine weitere Möglichkeit ist der preisgünstigere Forstnerbohrer. Da hiermit jedoch nur durchgehende Löcher gebohrt werden können, muß in diesem Fall ein dünnerer Sperrholzkreis von unten eingeleimt werden.

Verbinden der Holzteile

Dort, wo Holzteile flächig miteinander verbunden werden, genügt es, diese zuvor dünn mit Leim einzustreichen und mit Schraubzwingen zusammenzupressen.

Soll ein dünnes Holzteil mit seiner Kante auf eine Holzfläche gesetzt werden, müssen Sie zusätzlich mit Stiftnägeln arbeiten. Schlagen Sie dazu in die Holzfläche ein bis zwei Stiftnägel mittig bis zur Hälfte ein. Mit einem Seitenschneider die Köpfe der Nägel abkneifen (dabei eine Schutzbrille tragen). Streichen Sie die Holzkante mit Leim ein, und drücken Sie diese richtig plaziert kräftig auf die Stiftnägel. Etwas dickere Holzteile werden mit Dübeln verbunden. Hierbei sind Markierungshilfen (Pinns) sehr nützlich. Sie bohren z.B. in eine Standfläche die Bohrung, setzen die Markierungshilfe hinein und drücken das zweite Teil paßgenau dagegen. Die Markierungshilfen (Baumarkt) haben in der Mitte einen Dorn, der sich in das Holz drückt und Ihnen so genau die Position der Bohrung kennzeichnet.

Schmirgeln und Bemalen

Grundsätzlich werden alle Sägekanten und Bohrungen mit feinem Schmirgelpapier geglättet. Reste von Bleistift oder Kohlepapier, die nicht für die Bemalung benötigt werden, schmirgeln Sie ebenfalls ab. Schmirgeln Sie immer von der Holzfläche nach außen zur Sägekante hin. Vor dem Bemalen müssen Sie alle Teile entstauben.

Bei Holzbeizen genügt ein einmaliger Farbauftrag. Tragen Sie die Beize mit einem dicken Pinsel in einem Arbeitsgang auf alle Flächen und Kanten auf. Dort, wo sie bereits angetrocknet ist, ergeben sich sonst Ränder. Zum Trocknen stellen Sie das Holzstück mit der Kante auf ein Zeitungspapier. Lacke werden immer zweimal aufgetragen. Das erste Mal wird in Faserrichtung gestrichen, damit die Farbe auch in die Vertiefungen der Maserung gelangt. Der zweite Anstrich erfolgt in Querrichtung zum ersten. Die Werkstücke können zum Trocknen an einem Stab oder Kochlöffel aufgehängt werden.

Binden eines Kranzes

Das benötigte Material entnehmen Sie der jeweiligen Anleitung. Das Grundmaterial, hier Birkenzweige, teilen Sie zunächst in fünf bis sechs Büschel. Nehmen Sie das erste Büschel zur Hand, und befestigen Sie den Bindedraht, indem Sie ihn ein paarmal um die geschnittenen Zweigenden wickeln. Legen Sie nun Büschel für Büschel schuppenartig im Bogen auf das andere, und umwickeln Sie die Zweige dabei mit dem Draht. Anfang und Ende so übereinander legen, daß sich die geschnittenen Zweigenden auf der Rückseite des Kranzes befinden. Nun mit Draht umwickeln und das Drahtende zwischen die Zweige stecken. Einige dekorative Zweige, auf die Unterlage gebunden, geben interessante Akzente. Ein bis zwei Ranken von künstlichem Efeu oder Wein lockern die strenge Form auf; diese Pflanzenteile werden ebenfalls mit Draht befestigt.

Zum Aufhängen benötigen Sie ein breites Schleifenband von etwa 80 cm Länge. Legen Sie ein Ende durch den Kranz, fassen beide Enden oben zusammen, und drücken Sie ein bis zwei Heftzwecken durch die Schleifenbandenden in den oberen Türfalz.

Drücken Sie das Holz auf die Spitzen der Markierungshilfen. So erhalten Sie eine genaue Kennzeichnung für die Bohrungen.

Dekorative Zweige und Efeuranken schmücken den Kranz.

Willkommensgrüße und allerlei Nützliches

Gästen bereitet man immer gern einen freundlichen Empfang. Ein schöner Kranz oder ein lächelndes Blumenmädchen helfen dabei.
Und in der Küche werden Teekanne und Huhn zu nützlichen Helfern. Lassen Sie sich überraschen.

10

Türschild

Durch die Blume gesagt wird hier, wer oder was sich hinter dieser Tür verbirgt.

Material

Sperrholz, 3 mm dick, 5 x 11 cm
Sperrholz, 7 mm dick, 15 x 25 cm
Sperrholz, 12 mm dick, 15 x 23 cm
1 Rundholz, 4 mm ∅, 36 cm lang
Farben in Braun, Gelb, Schwarz, Grün
Klarlack
2 Stiftnägel
Bast
doppelseitiges Klebeband oder Nägel

Hilfsmittel

Bohrer, 4 mm ∅
Hammer

Schnittmuster
siehe
Vorlagenbogen
Seite A

So wird's gemacht

Sägen Sie die Blüten und Blätter laut Vorlage aus dem 7 mm dicken Sperrholz aus. Bohren Sie für die Rundhölzer Vertiefungen in die Blüten; die Blätter durchbohren Sie ganz. Das Rundholz in je einmal 9 cm, 13 cm und 14 cm lange Stücke sägen und jeweils eine Blüte aufleimen. Auf die beiden längeren Rundhölzer schieben Sie die Blätter und fixieren sie mit einem Tropfen Leim.
Für den Topf sägen Sie Gefäß und Rand aus 12 mm dickem Sperrholz aus, bohren die Löcher für die Blumenstiele und leimen beide Teile paßgenau aufeinander. Das Namensschild wird aus dem 3 mm dicken Sperrholz gesägt. Bemalen Sie nun alle Teile wie auf dem Foto oder nach eigenen Vorstellungen.

Bevor Sie den Namenszug mit dem Pinsel oder Lackstift auf das Schild schreiben, lackieren Sie dieses zuvor mit Klarlack, damit die Farbe nicht verläuft. Die Blumenstiele leimen Sie in die Bohrungen des Topfes. Das Namensschild wird mit zwei Stiftnägeln auf dem Topf befestigt. Binden Sie nun noch eine Schleife aus Bast um einen Blumenstiel.
Mit doppelseitigem Klebeband oder Nägeln wird das Türschild an der Tür oder Hauswand befestigt.

TIP

Stellen Sie für jedes Familienmitglied eine Blume her. Malen Sie die Augen der Blüten größer, und schreiben Sie jeweils einen Vornamen hinein.

12

Willkommensgruß

Hier sind Gäste stets willkommen. Mal begrüßt sie das Blumenmädchen, im Winter dann der freundliche Schneemann.

Material

Sperrholz, 7 mm dick, 22 x 30 cm
Rundholz, 4 mm ⌀, 12 cm lang
Farben in Weiß, Schwarz, Rot, Grün, Orange,
 Gelb, Braun, Blau
Lackstift in Schwarz
Stoffrest, 6 x 28 cm
Sisalschnur, 60 cm lang
3 Ringschrauben, 6 x 3 mm
Bindedraht
kleine Zweige

Schnittmuster
siehe
Vorlagenbogen
Seite A

Hilfsmittel

Bohrer, 3 mm und 4 mm ⌀
Zackenschere für Stoff

So wird's gemacht

Sägen Sie zunächst alle Teile einmal aus dem Sperrholz aus. Für den Schneemann wird eine Hand zusätzlich ausgesägt, mit dem 4-mm-Bohrer schräg durchbohrt und auf den Körper geleimt (siehe auch Vorlagenbogen). Führen Sie die übrigen Bohrungen mit dem 3-mm-Bohrer, wie in den Vorlagen gekennzeichnet, aus; für die Ringschrauben ebenfalls etwa 2 bis 3 mm tiefe Löcher vorbohren.

Alle Teile wie auf dem Foto bemalen. Den Schriftzug mit dem Lackstift aufmalen. Für den Henkel der Gießkanne drehen Sie ein 24 cm langes Stück Bindedraht doppelt gelegt zusammen, fädeln es durch die Bohrung der Hand des Mädchens und befestigen die Enden an den Bohrungen der Gießkanne.

Schneiden Sie aus dem Stoffrest mit der Zackenschere einen Streifen von 4,5 cm mal 26 cm, und binden Sie diesen dem Schneemann um den Hals.

Für den Besen schneiden Sie einige etwa 11 cm lange Zweige zurecht und leimen diese rund um das eine Ende des Rundholzes, umwickeln Sie es zusätzlich mit einem Stück Sisalschnur, und verknoten Sie das Ganze dann. Der Besen wird durch die Bohrung der Schneemannhand gesteckt

Die Ringschrauben an Figuren und Schild eindrehen und als Aufhängung 40 cm Sisalschnur mit Leim in die entsprechenden Bohrungen des Schildes kleben. Je nach Jahreszeit können Sie nun das Mädchen oder den Schneemann mit einem Stück Bindedraht an das Schild hängen.

Wenn Sie sich die Anfertigung einer Aufhängung sparen möchten, können Sie das Türschild auch mit doppelseitigem Klebeband befestigen.

Ein Kranz zweimal anders

Schleifenband, 110 cm lang
Zierdraht in Messing

Hilfsmittel

Bohrer, 8 mm ⌀
Heißkleber

So wird's gemacht

Sägen Sie den Kranz und den Vogel aus Sperrholz aus. Für den Innenausschnitt des Kranzes
bohren Sie zunächst ein Loch, spannen das
Sägeblatt auf einer Seite der Säge aus, führen
es durch das Loch und spannen es wieder fest
ein. Nun sägen Sie den inneren Teil des
Kranzes aus.
Mit Holzbeize färben Sie den Kranz grün, den
Vogel bemalen Sie entsprechend der Abbildung. Von dem Schleifenband schneiden Sie
zunächst 42 cm ab und befestigen diese als
Aufhängeschlaufe am Kranz. Die verbleiben-
den 68 cm legen Sie zu einer Schleife, binden
sie mit dem Zierdraht zusammen und kleben
sie mit Heißkleber auf den Kranz. Nun noch
den Vogel und die Streublümchen mit Leim
fixieren.

Material für Weihnachtskranz

Sperrholz, 7 mm dick, 24 x 36 cm
Holzbeize in Rot, Grün
6 Holzperlen in Rot, 8 mm ⌀
3 Streusterne aus Holz
Flower Hair in Gold (erhältlich im
   Bastelgeschäft)
Kordel in Rot, 40 cm lang

Hilfsmittel

Heißkleber
Cutter oder Küchenmesser

Schnittmuster
siehe
Vorlagenbogen
Seite A

Der Kranz als Symbol für Unvergänglichkeit
ist in den letzten Jahren als Türschmuck
immer beliebter geworden und heißt Gäste
willkommen.

Material für Frühlingskranz

Sperrholz, 7 mm dick, 24 x 32 cm
Holzbeize in Grün
Lack in Blau, Gelb, Schwarz, Weiß
3 Streublümchen aus Holz

So wird's gemacht

Sägen Sie den Kranz und die Schleife aus dem
Sperrholz aus. Den Kranz in Grün, die Schleife
in Rot beizen.
Die Perlen spalten Sie mit einem Cutter oder
Küchenmesser auf einem Holzbrettchen
(siehe Anleitung „Weihnachtsstern", Seite 57).
Leimen Sie die Schleife, jeweils drei halbe
Holzperlen und die Sterne auf den Kranz.

Die Kordel knoten Sie zu einer Schlaufe und
kleben diese mit Heißkleber so von hinten an
den Kranz, daß die Kordelenden nach vorne
überhängen. Zum Schluß etwas Flower Hair
über den Kranz legen und eventuell einige
Stellen auf der Rückseite mit Kleber befestigen.

Schnittmuster siehe
Vorlagenbogen Seite A

Teekanne

Kurze Nachrichten, wie „Bin gleich zurück" oder es fehlt noch „Milch" für den Tee, sind hier schnell notiert und werden bestimmt nicht vergessen.

Material

Sperrholz, 10 mm dick, 32 x 34 cm
Lack in Weiß, Blau
Tafellack oder All-Primer
Sisalschnur, ca. 140 cm lang
1 Stück Kreide
1 kleiner Schwamm

Hilfsmittel

Bohrer, 4 mm ∅

So wird's gemacht

Tafellack ist nicht überall erhältlich. Sie können hier auch All-Primer, eine Vorstrichfarbe für Metall, verwenden.
Sägen Sie die Teekanne, das Herz und die Tasse je einmal aus Sperrholz aus. An den in den Vorlagen gekennzeichneten Stellen bohren Sie die Löcher. Dann streichen Sie zunächst alle Teile blau an. Anschließend malen Sie mit Weiß die Punkte und übrigen Details auf. Den Tafellack bzw. All-Primer zweimal auftragen. Nach dem Trocknen der Farben das Herz und die Tasse mit einem Stück Sisalschnur an die Kanne binden. Ein 45 cm langes Stück Sisalschnur an der Teekanne als Aufhänger festknoten.
Jeweils an ein Ende eines 50 cm langen Stückes Sisalschnur die Kreide und den Schwamm festknoten und über den Ausgießer der Teekanne hängen.

Schnittmuster siehe Vorlagenbogen Seite A

Wachsame Auguste

Auguste wacht hier ganz nach Ihrem Wunsch über eine Rolle Haushaltskrepp oder den Vorrat an Toilettenpapier.

Material

Sperrholz, 10 mm dick, 30 x 38 cm
Rundholz, 19 mm ⌀, 25 cm lang
Lack in Weiß, Grün, Rot, Gelb
Lackstift in Schwarz
1 Holzdübel, 8 mm ⌀
6 Stiftnägel

Hilfsmittel

Bohrer, 8 mm ⌀

So wird's gemacht

Sägen Sie den Körper, das Fußteil und die Bodenplatte aus. Dann bohren Sie in die Bodenplatte und in eine Stirnseite des Rundholzes jeweils ein Loch für den Dübel. Befestigen Sie den Körper mit drei Stiftnägeln und Leim auf der Bodenplatte, so daß er auf der hinteren Kante paßgenau sitzt. Bringen Sie dann die Füße mit den übrigen Stiftnägeln vor der vorderen Kante der Bodenplatte an. Entsprechend der Abbildung wird Auguste nun

lackiert. Die Rückseite bemalen Sie entweder wie die Vorderseite, oder Sie zeichnen mit dem Lackstift einen Schwanz auf. Zum Schluß das Rundholz mit dem Dübel in die Bohrung der Bodenplatte leimen.

Schnittmuster
siehe
Vorlagenbogen
Seite A

TIP

Sie können Auguste aufstellen oder an die Wand hängen. Dazu durchbohren Sie den Körper zweimal und schrauben ihn an der Wand an.

Der Frühling hält Einkehr

Wenn der Frühling mal wieder auf sich warten läßt,
dann helfen Sie ihm doch mit ein paar Farbtupfern nach.
Und einem lieben Menschen werden Sie mit einem
Blumenstock, in dem eine putzige Ente oder gar ein
Glückskäfer steckt, ganz bestimmt viel Freude machen.

20

Blumenzwerg

Der kleine Frühlingsbote kündigt mit den ersten Blüten die schönste Jahreszeit an.

Material

Sperrholz, 24 mm dick, 20 x 42 cm
Sperrholz, 12 mm dick, 18 x 26 cm
Farben in Rot, Weiß, Grün, Gelb, Schwarz
1 Holzdübel, 8 mm ⌀
1 Orchideenröhrchen, 13 mm ⌀
  (vom Gärtner)
Satinband, schmal, 40 cm lang
1 Perle

Hilfsmittel

Bohrer, 8 mm und 14 mm ⌀
Alleskleber

So wird's gemacht

Nachdem Sie den Zwerg und die Bodenplatte ausgesägt haben, bohren Sie mit dem 8-mm-Bohrer in die Bodenplatte und den Fuß Löcher für den Holzdübel. Die Hand mit dem 14-mm-Bohrer ganz durchbohren. Nach dem Bemalen leimen Sie den Zwerg mit dem Dübel auf der Bodenplatte fest.
Um das Ende des Orchideenröhrchens kleben Sie das Satinband. Beginnen Sie an der Spitze. Lassen Sie dabei etwa 3 cm Band überstehen und wickeln dann spiralförmig weiter. Die Perle auf das Bandende auffädeln.
Das Orchideenröhrchen mit Wasser füllen, ein bis zwei Blüten mit dem Stiel durch die Gummikappe stecken und dem Zwerg in die Hand geben.

Schnittmuster siehe
Vorlagenbogen Seite A

Wenn diese hübschen Blumen auf dem Fenstersims stehen, wird bestimmt so manch dicker Brummer angelockt.

Material

Sperrholz, 7 mm dick, 20 x 23 cm
Rundholz, 5 mm ∅, 26 cm lang
Lack in Blau, Weiß, Grün, Gelb

Hilfsmittel

Bohrer, 5 mm ∅

So wird's gemacht

Sägen Sie die Blüte zweimal, jede Blattform einmal aus dem Sperrholz aus. Das Rundholz sägen Sie in ein 6 cm langes und ein 20 cm langes Stück. Bohren Sie eine Blüte vor, wie in der Vorlage gekennzeichnet, und leimen Sie das 20 cm lange Stück Rundholz in die Bohrung. Das Stiefmütterchen sieht inmitten einer Grünpflanze sehr dekorativ aus.
Die zweite Blüte wird in der Blütenmitte schräg angebohrt. Setzen Sie dazu den Bohrer zunächst senkrecht auf, und neigen Sie ihn dann beim Bohren leicht. In das entstandene Bohrloch wird das 6 cm lange Rundholz geleimt. Blatt B zunächst bohren und anschließend mit Teil C zusammenstecken. Eventuell einen Tropfen Leim dazwischen geben. Den kurzen Blütenstiel leimen Sie in die Bohrung der Blätter. Zum Schluß die Stiefmütterchen nach Abbildung bemalen.

Schnittmuster siehe Vorlagenbogen Seite A

Marienkäfer

Auch die Marienkäfer sind aus ihrer Winterruhe erwacht und kribbeln und krabbeln nun überall herum.

Schnittmuster siehe
Vorlagenbogen Seite A

BLUMENSTECKER

Material für zwei Tiere

*Sperrholz, 7 mm dick, 7 x 22 cm
Rundholz, 4 mm ⌀, 36 cm lang
Farben in Rot, Schwarz, Blau
6 Holzfüße, 12 x 5 mm (erhältlich im
   Bastelgeschäft)
Jutekordel, 15 cm lang*

Hilfsmittel

Bohrer, 3 mm und 4 mm Ø

So wird's gemacht

Sägen Sie die Käfer je einmal aus. An den in der Vorlage gekennzeichneten Stellen bohren Sie für den Stab jeweils ein Loch mit 4 mm Durchmesser. Käfer A erhält außerdem für die Beine drei Löcher mit jeweils 3 mm Durchmesser. Nun sägen Sie das Rundholz in zwei Teile und leimen die Stücke in die Bohrungen am Bauch der Käfer. Bemalen Sie die Käfer entsprechend der Abbildung.
Von der Jutekordel schneiden Sie drei Stücke von je 5 cm Länge ab und fädeln diese durch die Bohrungen in Käfer A. An jedes Kordelende kleben Sie einen Fuß.

KRANZ

Material

1 Bündel Birkenzweige
1-2 Zweige Korkenzieherhasel
2 Efeu- oder Weinranken
Bindedraht
Schleifenband, breit, 80 cm lang
Schleifenband, schmal, 65 cm lang
3 Marienkäfer (Anleitung siehe „Blumenstecker")
2 Blüten in Weiß und Blau, (Anleitung siehe „Wanddekoration in Blau-Weiß", S. 26)

Hilfsmittel

Bohrer, 3 mm und 4 mm Ø
Heißkleber

So wird's gemacht

Binden Sie die Birkenzweige zu einem lockeren Kranz, wie auf Seite 9 beschrieben. Dekorieren Sie ihn mit Efeuranken und Zweigen, und befestigen Sie die Pflanzenteile mit Draht. Stellen Sie drei Marienkäfer her; verwenden Sie dafür jedoch nur 4 cm lange Rundholzstäbe. Nun basteln Sie noch zwei Blüten. Die Marienkäfer mit den Stäben im Kranz feststecken und zusätzlich mit Heißkleber fixieren. Die Blüten werden ebenfalls mit Heißkleber befestigt. Zum Schluß binden Sie das breite Schleifenband als Aufhängung um den Kranz und verzieren es mit einer aus dem schmalen Schleifenband hergestellten Schleife.

Schnittmuster
siehe
Vorlagenbogen
Seite A

Wanddekoration in Blau-Weiß

Diese fröhliche Wanddekoration paßt gut zum Landhausstil.

Material

Sperrholz, 4 mm dick, 10 x 20 cm
Lack in Blau, Weiß, Hellgelb, Dunkelgelb
Lackstift in Hellblau
1 Efeuranke
Bast
Schleifenband, 100 cm lang
Zierdraht in Messing

Hilfsmittel

Heißkleber

So wird's gemacht

Sägen Sie aus dem Sperrholz die Blüten zweimal aus. Die Kanten schmirgeln und eine Blüte blau, die zweite weiß lackieren. Die Blütenmitte in Gelb anstreichen, mit dunkelgelben Tupfen bemalen und mit Hellblau die Blütenblätter andeuten.
Legen Sie die Bastfäden doppelt, und fixieren Sie diese, ca. 5 cm vom Ende entfernt, mit einem Bastfaden. Von hier aus die Bastfäden zu einem Zopf flechten und am Ende abbinden.
Mit dem Zierdraht befestigen Sie das Schleifenband und die Efeuranke oben am Zopf und legen beides wellenförmig bis zum Zopfende. Unten wird das Ganze mit Zierdraht festgehalten. Das Schleifenband zur Schleife legen und mit Draht an den Zopf binden.
Die Holzblüten fixieren Sie am besten mit Heißkleber. Zum Aufhängen einfach eine Schlaufe oben aus dem Zopf verwenden.

Schnittmuster
siehe
Vorlagenbogen
Seite A

Osterschmuck für Türen und Schränke
einmal anders.

Material

Sperrholz, 4 mm dick, 18 x 20 cm
Holzbeizen in Hellbraun, Orange, Gelb, Blau
Bindedraht
Bast in Grün

Hilfsmittel

Bohrer, 3 mm ⌀
Seitenschneider

Schnittmuster siehe
Vorlagenbogen Seite A

So wird's gemacht

Sägen Sie die Formen entsprechend der in der
Vorlage angegebenen Anzahl aus. Bohren Sie
die Löcher für die Drahtverbindungen und in
jede Möhre oben ein Loch für das Kraut.
Bemalen Sie nun alle Teile entsprechend der
Abbildung oder nach Ihren eigenen Vorstellungen. Für diesen Arbeitsvorgang ist es ganz
hilfreich, durch jedes Teil ein Stück Bindedraht
zu fädeln und zur Öse zu biegen. So können
Sie alles zum Trocknen an ein Rundholz oder
einen Kochlöffel hängen.
Wickeln Sie den grünen Bast einige Male um
zwei Finger Ihrer Hand, und schneiden Sie das
Gewickelte an einer Seite auf. Kleben Sie in
jede Möhre ein Bastbüschel ein. Mit etwa
7 bis 8 cm langen Drahtstücken verbinden Sie
nun die Motive locker miteinander.
An den Drahtenden biegen Sie noch etwas
größere Drahtösen zum Aufhängen um.

TIP

**Die äußeren
Drahtösen können
Sie mit drei bis vier
Naturbastfäden,
die Sie zuvor zu
Schleifen binden,
verzieren.**

Zwei Hasen

Diese beiden frechen Kerle klettern überall hoch, ob am Bücherregal, Schrank oder sogar am Türrahmen.

Material

Schnittmuster siehe Vorlagenbogen Seite A

Sperrholz ,12 mm dick, 28 x 30 cm
Sperrholzrest, 9 mm dick
2 Stiftnägel
Farben in Blau, Rot, Gelb, Schwarz, Weiß, Pink

Hilfsmittel

Hammer

So wird's gemacht

Übertragen Sie die Hasen vom Vorlagenbogen je einmal auf das Sperrholz. Zusätzlich sägen Sie aus dem Sperrholzrest ein Rechteck von 5 cm mal 6 cm aus. Die gestrichelte Markierung auf der Vorlage des Hasen B zeigt die Ansatzstelle für das Reststück. Mit Stiftnägeln und Leim wird es auf der Rückseite des Hasen befestigt.
Nun können Sie die beiden Hasen bemalen. Hase A wird von beiden Seiten vollständig bemalt; so kann er mal von rechts nach links oder von links nach rechts klettern.

Abbildung auf Seite 21

Hase Hannibal

An seinem großen Osternest hat Hannibal ganz schön schwer zu tragen. Hoffentlich läßt er es nicht fallen!

Material

Sperrholz, 20 mm dick, 40 x 45 cm
Sperrholz, 10 mm dick, 18 x 26 cm
Farben in Blau, Grün, Weiß, Schwarz, Pink
4 Stiftnägel, 25 mm lang
Dekonest, ca. 15 cm ⌀

Hilfsmittel

Hammer

TIP

Je nachdem, wie stabil das Nest ist oder ob Hannibal viele Frühstückseier tragen soll, kann es nötig sein, zunächst eine kleine Holzplatte auf dem Rücken zu befestigen. Darauf setzen Sie dann das Nest.

So wird's gemacht

Den Hasen und die Bodenplatte von der Vorlage auf das Holz übertragen und aussägen. Schmirgeln Sie alle Kanten, und entstauben Sie die Teile anschließend. Befestigen Sie dann den Hasen mit zwei Stiftnägeln und Leim auf der Bodenplatte. Nun können Hannibal und die Bodenplatte von beiden Seiten bemalt werden.
Nach dem Trocknen der Farben wird das Nest mit zwei Stiftnägeln auf dem Rücken des Hasen befestigt. Schlagen Sie dazu die Nägel mit dem Hammer etwa bis zur Hälfte ein, und setzen Sie dann das Nest so auf, daß die Nägel durch den Nestboden schauen. Schlagen Sie nun die Nägel mit dem Hammer krumm.

Schnittmuster siehe
Vorlagenbogen Seite A

Huhn als Pflanzenstecker

Ob das blau-weiße Huhn wohl auch
Frühstückseier legen kann?

Material

Sperrholz, 15 mm dick, 20 x 22 cm
Sperrholz, 7 mm dick, 14 x 16 cm

Rundholz, 8 mm ∅, 35 cm lang
Farben in Blau, Weiß
Lackstift in Schwarz
Bindedraht

Hilfsmittel

Bohrer, 3 mm und 8 mm ∅

So wird's gemacht

Sägen Sie das Huhn einmal aus dem 15 mm
dicken, den Flügel zweimal aus dem 7 mm
dicken Sperrholz aus, und bohren Sie an den
in der Vorlage gekennzeichneten Stellen die
Löcher. Für die Befestigung der Flügel bohren
Sie mit dem 3-mm-Bohrer, für das Rundholz-
loch mit dem 8-mm-Bohrer.
Bemalen Sie die Einzelteile entsprechend der
Abbildung. Das Rundholz in die Bohrung am
Bauch leimen und lackieren. Die Flügel
werden mit Bindedraht am Körper befestigt
(siehe Skizze).

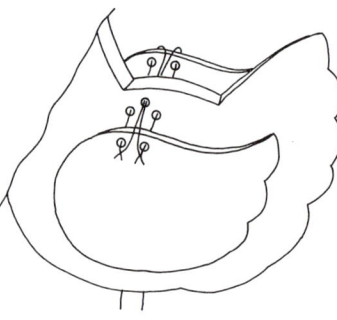

*Befestigung
der
Flügel mit
Bindedraht.*

Schnittmuster siehe
Vorlagenbogen Seite A

Die beiden Schnatterenten haben sich offenbar
viel zu erzählen..

Material

Sperrholz, 12 mm dick, 23 x 23 cm
  (für Enten)
Sperrholz, 7 mm dick, 9 x 11 cm
  (für Standfläche)
Rundholz, 6 mm ⌀, 22 cm lang
Farben in Blau, Gelb, Grün
2 Stiftnägel
Stoff, 14 x 20 cm
Schleifenband, 80 cm lang

Hilfsmittel

Holzbohrer, 6 mm ⌀
Hammer
Stoffschere

So wird's gemacht

Sägen Sie die beiden Enten und die Grund-
platte entsprechend der Vorlage aus. Die
Steckente bekommt eine Bohrung für
das Rundholz, die Sitzente wird mit den Stift-
nägeln und Leim auf der Grundplatte befestigt.
Bemalen Sie beide Tiere entsprechend der
Abbildung.
Den Flügel viermal (zweimal seitenverkehrt)
aus dem Stoff ausschneiden. Streichen Sie den
Stoff von links gleichmäßig und dünn mit
Leim ein, und kleben Sie die Flügel auf die
Enten.
Zum Schluß erhält jede Ente noch eine
hübsche Schleife um den Hals.

Schnittmuster siehe
Vorlagenbogen Seite A

Kükenparade

In Reih und Glied marschieren hier die kleinen Küken. Hoffentlich fällt „Hans guck in die Luft" nicht auf den Schnabel.

Material für vier Küken

Sperrholz, 8 mm dick, 20 x 40 cm
Rundholz, 5 mm ∅, 60 cm lang
Farben in Weiß, Schwarz, Gelb
Schleifenband, breit, 40 cm lang
Schleifenband, schmal, 100 cm lang

Hilfsmittel

Bohrer, 5 mm ∅

So wird's gemacht

Übertragen Sie je Küken den Körper einmal und den Fuß zweimal auf das Sperrholz. Bohren Sie die Löcher an den in der Vorlage gekennzeichneten Stellen in den Körper und in die Fußteile. Alle Teile schmirgeln und entstauben.
Für die Beine sägen Sie pro Tier zwei Rundhölzer von 7 cm Länge zurecht und leimen diese in Körper und Fußteile ein. Bemalen Sie die Küken nun entsprechend der Abbildung.
Zum Schluß verzieren Sie die muntere Kükenschar noch mit den Schleifenbändern. Sie benötigen für jedes Tier 10 cm vom breiten und 25 cm vom schmalen Band. Legen Sie das schmale Band um den Kükenhals und binden es zur Schleife. Dabei fassen Sie das breite Band dazwischen.

Schnittmuster siehe
Vorlagenbogen Seite A

TIP

Mit dem blau-weißen Huhn von Seite 30 können Sie eine kleine Hühnerfamilie zusammenstellen. Stimmen Sie dann die Farben der Küken und des Huhns aufeinander ab.

32

Sommer, Sonne, Zitrusfrüchte

Ein Matrose unterm Leuchtturm, Zitronen aus dem sonnigen Süden, Blumenkinder an der Tür – wer denkt da nicht an Sommer und holt ihn sich gerne in dieser bunten Form ins Haus, Urlaubsträume inklusive?

34

Vogelscheuche

Im Zimmer aufgestellt, wird dieser lustige Bursche wohl kaum jemanden verscheuchen, sondern eher anlocken.

Material

Sperrholz, 10 mm dick, 17 x 22 cm
Rundholz, 6 mm ⌀, 28 cm lang
Farben in Grün, Blau, Gelb, Rot, Schwarz
Klarlack
Bast
2 kleine Hemden- oder Puppenknöpfe

Hilfsmittel

Bohrer, 6 mm ⌀
Heißkleber

So wird's gemacht

Nachdem Sie die Vogelscheuche ausgesägt haben, bohren Sie an den in der Vorlage gekennzeichneten Stellen die Löcher für das Rundholz und den Bast. Die Vogelscheuche bemalen Sie entsprechend der Abbildung. Leimen Sie das Rundholz in die Bohrung, und lackieren Sie es anschließend mit Klarlack. Die Knöpfe kleben Sie mit Heißkleber auf die Hose der Vogelscheuche.
Den Bast mehrmals um zwei Finger der Hand wickeln, das Gewickelte an einer Seite aufschneiden und kleine Büschel in die Bohrung der Arme und des einen Beines kleben. Einen Bastbüschel kleben Sie um das Rundholz herum.

Schnittmuster siehe
Vorlagenbogen Seite A

Nicht nur auf der Weide, sondern auch in der Küche sind die Gefleckten eine Zier...

Material für die Kuh auf der Kante

Sperrholz, 12 mm dick, 18 x 20 cm
Farben in Pink, Schwarz, Weiß
Paketschnur

Hilfsmittel

Bohrer, 5 mm ⌀

So wird's gemacht

Sägen Sie den Körper und den Kopf aus 12 mm dickem Sperrholz aus, und bohren Sie in das Hinterteil der Kuh ein Loch für den Schwanz. Leimen Sie anschließend den Kopf so auf den Körper der Kuh, daß er nach unten 6 cm übersteht (siehe Vorlage).
Bemalen Sie die Kuh entsprechend der Abbildung. Für den Schwanz flechten Sie einen 14 cm langen Zopf aus Paketschnur, den Sie am Ende mit einem kleinen Knoten fixieren. Kleben Sie den Schwanz mit einem Tropfen Leim in die Bohrung.

Material für die Kuh im Milchtopf

Sperrholz, 8 mm dick, 20 x 20 cm
Farben in Pink, Schwarz, Weiß
1 emaillierter Milchtopf, 10 cm ⌀
1 Glöckchen, 2 cm ⌀
Kordel in Rot, 20 cm lang
Zwirnsfaden in Schwarz
eine Handvoll Heu
Schleifenband, 60 cm

Hilfsmittel

Bohrer, 3 mm ⌀

So wird's gemacht

Kopf und Körper der Kuh werden einmal, alle anderen Teile zweimal aus dem Sperrholz ausgesägt. Bohren Sie an den in der Vorlage gekennzeichneten Stellen die Löcher. Nach dem Schmirgeln und Entstauben der Teile erfolgt die Bemalung.
Nachdem die Farben getrocknet sind, verbinden Sie jeweils Ober- und Unterschenkel locker mit einem Stück Zwirnsfaden. Binden Sie nun die Vorder- und Hinterbeine an den Körper der Kuh. Achten Sie darauf, daß die Verbindungsstellen nicht zu stramm sind. Die Beine sollen sich locker bewegen lassen.
Das Glöckchen fädeln Sie auf die Kordel auf und binden sie der Kuh um den Hals. Das Schleifenband um den Milchtopf binden. Nun noch das Heu in den Milchtopf, und die Kuh kann Platz nehmen.

Leuchtturm

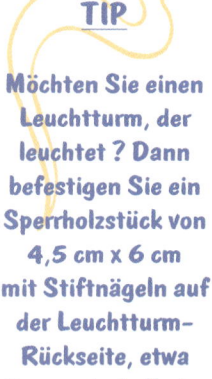

TIP

Möchten Sie einen Leuchtturm, der leuchtet ? Dann befestigen Sie ein Sperrholzstück von 4,5 cm x 6 cm mit Stiftnägeln auf der Leuchtturm-Rückseite, etwa 2 cm unterhalb des Kreises. Auf die Plattform kommt ein Teelicht.

Hier kommt maritime Stimmung und Fernweh nach Sonne und Meer auf.

Material

Sperrholz, 10 mm dick, 20 x 35 cm
Lack in Rot, Weiß, Grün, Schwarz
2 Stiftnägel
Transparentpapier in Gelb

Hilfsmittel

Bohrer, 8 mm oder 25 mm ∅
Hammer
Alleskleber

So wird's gemacht

Sägen Sie den Leuchtturm und die Standfläche aus dem Sperrholz aus. Den Kreis im Leuchtturm bohren Sie mit einem 25-mm-Bohrer oder sägen ihn mit der Laubsäge aus. Hierfür bohren Sie zunächst mit einem kleinen Bohrer ein Loch in den vorgezeichneten Kreis, spannen das Sägeblatt an einer Seite der Säge aus, fädeln es durch die Bohrung und spannen es wieder fest ein. Nun können Sie den Kreis aussägen.
Befestigen Sie den Leuchtturm mit den Stiftnägeln und etwas Leim mittig auf der Bodenplatte. Das Transparentpapier schneiden Sie etwas größer aus als den Kreis im Leuchtturm und kleben es auf die Rückseite dahinter.

Matrose

Mit Rettungsring auf Landgang erzählt dieser Matrose nicht soviel Seemannsgarn.

Material

Schnittmuster für Leuchtturm und Matrose siehe Vorlagenbogen Seite B

Sperrholz, 7 mm dick, 17 x 26 cm
Sperrholz, 4 mm dick, 7 x 7 cm
Farben in Rot, Blau, Gelb, Weiß, Schwarz
4 Stiftnägel
Jutekordel, 40 cm lang

Hilfsmittel

Hammer

So wird's gemacht

Sägen Sie die einzelnen Teile aus Sperrholz aus. Schmirgeln und Entstauben nicht vergessen! Zunächst wird der Oberkörper mit Stiftnägeln und Leim auf der breiten Seite des Zwischenstückes mit der Kante bündig aufgesetzt (siehe Skizze). Das Beinteil setzen Sie in Höhe der gestrichelten Linie der Vorlage vor das Zwischenstück.
Nun können Sie den Matrosen entsprechend der Abbildung bemalen. Dabei den Rettungsring weiß grundieren und nach dem Trocknen die roten Streifen aufmalen. Wickeln Sie die Jutekordel einige Male durch den Rettungsring, und verknoten Sie die Enden zu einer Schlaufe. Legen Sie diese Schlaufe dem Matrosen locker um das Handgelenk.

Abbildung Leuchtturm und Matrose siehe Seite 34/35

Eine Szene wie aus einem Märchen.
Staunend sitzt der Wichtel im Gras und
bewundert die Blüte.

Material

Sperrholz, 10 mm dick, 21 x 29 cm
Sperrholz, 12 mm dick, 18 x 23 cm
Holzbeize in Grün, Blau
Lack in Rot, Blau
2 Holzdübel, 6 mm ∅
2 Teelichter

Hilfsmittel

Bohrer, 6 mm und 40 mm ∅
Bohrständer

So wird's gemacht

Sägen Sie den Wichtel und die Blume
aus dem 10 mm und die Grundplatte aus
dem 12 mm dicken Sperrholz aus. Die Grundplatte wird mit zwei Vertiefungen für die
Teelichter versehen. Für Teelichter in
Aluschälchen benötigen Sie einen Durchmesser von 38 mm (bzw. 40 mm), für solche in
Glasschälchen einen Durchmesser von
45 mm. Hier gibt es zwei Möglichkeiten: Sie
können einen Holzbohrer verwenden und
den Bohrständer so einstellen, daß er nicht
ganz absenkt. Es müssen 4 bis 5 mm vom
Material stehenbleiben. Oder Sie verwenden
einen Forstnerbohrer. Mit dem Forstnerbohrer
können Sie jedoch nur durchgehende Löcher
bohren, keine Vertiefungen. Sägen Sie in diesem Fall die Grundplatte zusätzlich aus 4 mm
dickem Sperrholz aus, und leimen Sie diese
nach dem Bohren unter die Grundplatte.
Die Figuren befestigen Sie mit Dübeln und
Leim auf der Grundplatte. Anschließend
bemalen Sie alles. Bevor Sie die Grundplatte
und die Blume grün beizen, ziehen Sie mit

Lack zwischen Blüte und Stil eine Trennlinie.
Der Wichtel wird, wie auf dem Foto zu sehen,
mit Lackfarbe bemalt.

Schnittmuster siehe
Vorlagenbogen Seite B

41

Zitronen

Material für den Korb voller Zitronen

Sperrholz, 7 mm dick, 14 x 30 cm
Rundholz, 4 mm Ø, 24 cm lang
Lack in Gelb, Weiß, Grün
Steckmasse
1 Henkelkorb
getrocknetes Moos
2 Efeuranken
1 Ficuszweig
1 Buchsbüschel
kleine gelbe Blüten
1 Zweig
Bast
Tonscherben
Bindedraht

Hilfsmittel

Bohrer, 4 mm Ø

So wird's gemacht

Sägen Sie die Zitronenformen jeweils zweimal aus, und bohren Sie in jede Zitrone ein Loch für das Rundholz. Das Rundholz in vier Stücke sägen und in die Bohrungen leimen. Bemalen Sie nun die Zitronen. Bei den Zitronenscheiben ist es am einfachsten, wenn Sie diese zunächst weiß grundieren und dann mit Gelb den Rand und das Fruchtfleisch aufmalen. Schneiden Sie die Steckmasse für den Korb passend zu, und decken Sie diese anschließend mit Moos ab. Nun teilen Sie die Efeuranke und fixieren alle Zweige und Blätter mit Bindedraht. Dekorieren Sie den Korb mit den Pflanzenteilen. Dann die Zitronen plazieren und die kleinen gelben Blüten dazwischen stecken.
Die Tonscherben mit Bast umwickeln, mit Bindedraht fixieren und in der Steckmasse befestigen. Das übrige Grün und den Zweig dazwischen stecken.

Material für die Zitronen an der Wand

Sperrholz, 7 mm dick,
  14 x 15 cm
Rundholz, 4 mm Ø, 6 cm lang
Lack in Gelb, Weiß, Grün
1 Ringöse, 6 x 3 mm
Bast
1 kleine Efeuranke
kleine gelbe Blüten
3 Buchszweige
1 Zweig
1 Tontopf, 5 cm Ø
1 Tonscherbe
Bindedraht

Hilfsmittel

Bohrer, 4 mm Ø
Heißkleber

So wird's gemacht

Sägen Sie jede Zitronenform einmal aus dem Sperrholz aus, und bohren Sie in die Zitronenscheibe ein Loch für das Rundholz. Das Rundholz dort hinein leimen. In die ganze Zitronenfrucht drehen Sie die Ringöse ein. Bemalen Sie die Zitronen, wie beim „Korb voller Zitronen" beschrieben.
Die Tonscherbe an einen Bastfaden binden und an der Ringöse der Zitrone festknoten. Durch das Loch des Topfes ein paar Bastfäden ziehen und mit Heißkleber fixieren. Legen Sie die übrigen Bastfäden zu einer Schleife, und binden Sie diese in der Mitte zusammen. Mit Bindedraht nun die Blätter, die kleinen gelben Blüten und die Zitronenscheibe auf der Bastschleife befestigen. Den Bastfaden, an dem die ganze Zitronenfrucht hängt, durch das Loch des Topfes ziehen und zusammen mit dem Tontopf mit Hilfe des Heißklebers auf der Bastschleife befestigen.

Schnittmuster siehe Vorlagenbogen Seite A

Was Spätsommer und Herbst so alles mit sich bringen

Mit diesen Motiven sind graue Herbsttage unmöglich.
Da ist nicht nur ein Schäfer, der gemütlichen
Kerzenschimmer in Ihr Zuhause bringt, sondern da
gibt es auch bunte und wetterfest lackierte Dekorationen,
die Ihre Terrasse oder den Balkon fröhlicher machen.

Kornblume

Während sie am Feldrand erst in Mengen zur Wirkung kommen und in der Vase schnell verblassen, ist dieses Exemplar auch einzeln eine Zierde.

Material

Sperrholz, 8 mm dick, 10 x 15 cm
Sperrholz, 10 mm dick, 10 x 12 cm
Rundholz, 5 mm ⌀, 23 cm lang
Holzbeize in Grün, Blau
Bastelfarbe in Grün
Getreideähren, ca. 16 Stück
Schleifenband, 60 cm lang

Hilfsmittel

Bohrer, 5 mm ⌀

So wird's gemacht

Die Vorlage für die Blüte übertragen Sie auf das 8 mm dicke, die Vorlage für die Grundplatte auf das 10 mm dicke Sperrholz und sägen die Stücke aus. An den gekennzeichneten Stellen die Löcher für das Rundholz bohren und dieses in die Holzteile leimen.
Mit der Bastelfarbe ziehen Sie zunächst einen schmalen Trennstrich am Übergang vom Blütenkelch zu den Blütenblättern und bemalen anschließend die Blütenteile mit Holzbeize. Kürzen Sie die Getreideähren auf eine Länge von etwa 22 cm. Locker um das Rundholz gestellt, werden sie von der Schleife gehalten.

Schnittmuster siehe Vorlagenbogen Seite B

Das keck dreinblickende Federvieh steht am liebsten als Empfangskomitee an der Tür.

Material

Sperrholz, 12 mm dick, 31 x 36 cm
Sperrholz, 10 mm dick, 14 x 30 cm
Farben in Weiß, Schwarz, Gelb, Grün
4 Dübel, 8 mm ⌀
Schleifenband, 100 cm lang
3 Streublümchen aus Holz
Moosgummi in Grün, 14 x 30 cm

Hilfsmittel

Bohrer, 8 mm ⌀
Raspel / Feile
Alleskleber

So wird's gemacht

Das Gänsepaar sägen Sie aus dem 12 mm dicken Sperrholz aus. Die Bodenplatte wird aus dem 10 mm dicken Sperrholz gesägt. Die lange gerade Kante der Bodenplatte schrägen Sie mit Raspel und Feile auslaufend ab, so daß sie unter den Türspalt geschoben werden kann.
Als nächstes bohren Sie die Löcher für die Dübel in das Gänsepaar und die Bodenplatte. Das Gänsepaar mit Dübeln und Leim auf der Bodenplatte befestigen. Alles entsprechend der Abbildung bemalen.
Halbieren Sie das Schleifenband, und binden Sie jeder Gans eine Schleife um den Hals. Die Streublümchen leimen sie auf die Bodenplatte. Zum Schluß das Moosgummi rundherum 5 mm kleiner zuschneiden als die Bodenplatte und mit Alleskleber darunter kleben.

Schnittmuster siehe
Vorlagenbogen Seite B

Äpfel

Im Herbst ist Erntezeit. Früchte, zum Anbeißen lecker, warten auf uns, einmal als rustikale Türschleife, ein anderes Mal als appetitlicher Früchtekorb.

Material für Türschleife mit Äpfeln

Sperrholz, 7 mm dick, 15 x 35 cm
Lack in Rot, Grün, Braun
Juteband, 100 cm lang
Schleifenband, 100 cm lang
Bindedraht
Sisalschnur, 65 cm lang
Nähgarn

Hilfsmittel

Bohrer, 4 mm ⌀
Nähnadel

So wird's gemacht

Sägen Sie jedes Apfelmotiv einmal aus dem Sperrholz aus. An den in der Vorlage gekennzeichneten Stellen ein Loch bohren. Nun bemalen Sie die Äpfel entsprechend der Abbildung.
Während die Farbe trocknet, binden Sie die Schleife. Legen Sie dazu zunächst an den Enden des Jutebandes die Ecken zur Mitte um und fixieren diese mit einem Handfaden und einem Tropfen Leim. Nun legen Sie das Juteband zur Schleife, setzen darauf das zu einer dreifachen Schleife angeordnete Band und binden beides mit einem Stück Draht zusammen.
Die Sisalschnur zerschneiden Sie in Stücke von 13, 22 und 30 cm und umwickeln damit ebenso lange Drahtstücke. Fädeln Sie die Enden der Sisalschnüre jeweils durch einen Apfel, und verknoten Sie diese auf der Rückseite.

Nehmen Sie die Sisalschnüre an den anderen Enden zusammen, verdrehen Sie die Drahtenden miteinander und befestigen Sie diese an der Schleife. Zum Schluß noch ein Drahtstück als Aufhänger an der Juteschleife anbringen.

Material für Apfelkorb

Sperrholz, 7 mm dick, 15 x 13 cm
Lack in Rot, Grün, Braun
1 Spankorb
Schleifenband, 40 cm lang
Juteband, 45 cm lang
Nähgarn

Hilfsmittel

Nähnadel
Heißkleber

So wird's gemacht

Den Apfel arbeiten Sie, wie in der Anleitung für die Türschleife beschrieben, nach Vorlage B, jedoch ohne Bohrung.
Legen Sie Jute- und Schleifenband übereinander und nähen Sie beide mit einem Handfaden fest. Danach kleben Sie die Bänder mit Heißkleber auf den Korb und auf die Mitte des Schleifenbandes den Apfel.

TIP

Auf diese Weise können Sie mehrere Körbe mit unterschiedlichen Apfelmotiven verzieren.

Schnittmuster
siehe
Vorlagenbogen
Seite B

49

Ein Rabe kommt selten allein

Hier haben es sich drei Gesellen auf ganz verschiedene Weise bequem gemacht. Während Klaus auch kopfüber mit den Füßen an der Gardinenstange hängen kann, haben sich Rudi im Topf und Ralf (siehe Foto unten) ein festes Plätzchen gesichert.

Material für Klaus

Sperrholz, 6 mm dick, 20 x 24 cm
Sperrholz, 3 mm dick, 5 x 5 cm
Rundholz, 6 mm ∅, 24 cm lang
Farben in Schwarz, Weiß, Gelb
Bindedraht

Hilfsmittel

Bohrer, 3 mm und 6 mm ∅

So wird's gemacht

Übertragen Sie den Körper einmal, Flügel und Füße zweimal auf das 6 mm dicke Sperrholz. Der Schnabel wird aus dem 3 mm dicken

Sperrholz ausgesägt. Aus dem Rundholz sägen Sie zwei 5 cm lange Stücke für die Oberschenkel und zwei 6,5 cm lange Stücke für die Unterschenkel zu. Die Löcher in den Körper und die Flügel bohren Sie, wie in der Vorlage gekennzeichnet, mit dem 3-mm-Bohrer, in die Füße mit dem 6-mm-Bohrer.

Die Oberschenkel werden an beiden Enden durchbohrt; dabei sind die Bohrungen um 90 Grad versetzt. Die Unterschenkel durchbohren Sie an nur einem Ende und leimen sie so in die Füße, daß die Bohrungen quer zur Fußspitze verlaufen.

Den Körper und die Flügel schwarz bemalen, den Schnabel und die Füße gelb. Leimen Sie den Schnabel am Kopf an, und malen Sie die Augen. Zum Schluß alle Teile locker mit Bindedraht zusammenbinden.

Material für Rudi

Sperrholz, 6 mm dick, 10 x 14 cm
Sperrholz, 3 mm dick, 5 x 5 cm
Rundholz, 6 mm ∅, 5 cm lang
Farben in Schwarz, Weiß, Gelb
Terrakottatopf , 11 cm ∅
Steckmasse
1 Efeuranke
Bast
Schleifenband, 55 cm lang
Bindedraht

Hilfsmittel

Bohrer, 6 mm ∅

So wird's gemacht

Rudi wird nach der gleichen Vorlage wie Klaus gearbeitet. Sie benötigen hier allerdings nur Körper und Schnabel. Bohren Sie unten in den Körper ein Loch für das Rundholz, und leimen Sie dieses als Steckspieß ein.

Schnittmuster siehe Vorlagenbogen Seite B

50

Nachdem Sie Rudi bemalt haben, schneiden Sie die Steckmasse für den Topf zurecht, so daß diese stramm im Topf sitzt. Den Raben stecken Sie mittig in den Topf. Ein paar Bastfäden zu einer Schleife legen und mit Bindedraht fixieren. Ebenso mit dem Schleifenband verfahren. Rabe, Efeuranke und Schleife in den Topf stecken.

Material für Ralf

Sperrholz, 6 mm dick, 16 x 16 cm
Sperrholz, 3 mm dick, 5 x 5 cm
Farben in Schwarz, Weiß, Gelb
1 Rebenblume (erhältlich im Bastelgeschäft)
1 Efeuranke, Sonnenblumen
Bindedraht
Schleifenband, 50 cm lang

Hilfsmittel

Bohrer, 3 mm ⌀
Heißkleber

So wird's gemacht

Auch Ralf wird nach der Vorlage von Klaus gearbeitet. Hier benötigen Sie jedoch Körper, Schnabel und zwei Flügel. Sägen Sie alle Teile aus. Das Bemalen und Zusammensetzen erfolgt wie bei Rabe Klaus.
Den Raben und die anderen Deko-Elemente auf der Rebenblume arrangieren und mit Heißkleber befestigen.
Das Schleifenband legen Sie zu einer Schleife, fixieren sie mit Bindedraht und befestigen diese ebenfalls auf der Rebenblume.

Schnittmuster siehe Vorlagenbogen Seite B

Hexenkranz

Kunterbunter Hexentanz – die richtige
Dekoration für trübe Tage.

Material

Sperrholz, 7 mm dick, 15 x 35 cm
Lack in Schwarz, Orange, Gelb, Grün,
  Weiß

1 Bündel Birkenzweige
Roter Hartriegel, Korkenzieherhaselnuß
Tannenzapfen, Bucheckern
3 Dekoäpfel
trockenes Moos
2 Efeuranken
Bindedraht
Schleifenband, breit, 80 cm lang
Schleifenband, schmal, 160 cm lang

Schnittmuster
siehe
Vorlagenbogen
Seite B

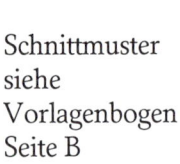

Hilfsmittel

Bohrer, 3 mm ⌀
Heißkleber

So wird's gemacht

Die Motive sägen Sie aus dem Sperrholz und bohren in den Hexenhut ein Loch mit 3 mm Durchmesser. Die Hexe und die Kürbisse nun beidseitig bemalen.

Den Kranz binden Sie, wie auf Seite 9 beschrieben, und befestigen an ihm das Schleifenband zum Aufhängen. Anschließend bringen Sie mit Bindedraht einige Stücke Moos auf dem Kranz an.

Von 70 cm des schmalen Schleifenbandes legen Sie eine mehrfache Schleife und fixieren diese mit Heißkleber unter das Kinn der Hexe. Mit einem kürzeren Stück binden Sie die Hexe an das breite Schleifenband am Kranz. Einen Kürbis befestigen Sie mit dem Rest des Bandes unten am Kranz. Dazu binden Sie das Band am Stiel des Kürbis' fest. Den zweiten Kürbis kleben Sie mit Heißkleber in den Kranz. Zum Schluß noch Tannenzapfen und Bucheckern mit Bindedraht umwickeln, mit den Äpfeln zu Büscheln zusammenfassen und auf dem Kranz feststecken.

Kleiner Schäfer

Freundlich weist er nicht nur seinem Schäfchen mit dem Licht der Laterne den Weg.

Material

Sperrholz, 20 mm dick, 40 x 42 cm
Sperrholz, 10 mm dick, 20 x 30 cm
Farben in Blau, Grün, Schwarz, Weiß, Braun,
  Gelb
2 Holzdübel, 8 mm ⌀
Dekolaterne mit Teelicht

Hilfsmittel

Bohrer, 8 mm ⌀
Pinns

Schnittmuster
siehe
Vorlagenbogen
Seite B

So wird's gemacht

Die Dübel werden zunächst mit der Säge halbiert. Sägen Sie dann den Schäfer und das Schaf aus 20 mm dickem Holz aus. Die Grundplatte wird aus 10 mm dickem Holz gesägt.

An den in der Vorlage gekennzeichneten Stellen bringen Sie die Bohrungen für die Dübel an. Mit Hilfe der Pinns übertragen Sie die Bohrungen auf den Schäfer und das Schaf. Stecken Sie dazu die Pinns in die Bohrung der Grundplatte, und drücken Sie den Fuß des Schäfers bzw. die Füße des Schafes fest darauf. Die Spitzen markieren das Holz, und Sie sehen genau, wo Sie bohren müssen. Die Dübel leimen Sie in die Figuren.

Nun erst alle Teile bemalen. Nach dem Trocknen der Farben leimen Sie die Figuren auf die Grundplatte. Den Bügel der Laterne gegebenenfalls etwas umbiegen und dem Schäfer an die Hand hängen.

Abbildung siehe Seite 45

Winterliche und weihnachtliche Dekorationen

Tischlicht Winterwald

Wenn es draußen stürmt und schneit, verbreitet dieses Tischlicht drinnen einen warmen Schein.

Material

Sperrholz, 10 mm dick, 15 x 30 cm
Sperrholz, 13 cm dick, 15 x 21 cm
Lackfarbe in Rot, Schwarz, Weiß
Holzbeize in Gelb, Grün
3 Dübel, 6 mm ⌀
1 Teelicht

Hilfsmittel

Bohrer, 6 mm und 40 mm ⌀

So wird's gemacht

Schnittmuster
siehe
Vorlagenbogen
Seite B

Sägen Sie zunächst die Grundplatte mit dem Stern aus dem 13 mm dicken Holz aus. Dann den Stern aus der Grundplatte sägen. Bohren Sie in den Stern mit dem 40-mm-Bohrer die Vertiefung für das Teelicht, und bohren Sie die Grundplatte mit dem 6-mm-Bohrer für die Dübel vor.
Aus dem 10 mm dicken Holz sägen Sie die zwei Tannen und den Schneemann aus und bringen in die Standflächen mit dem 6-mm-Bohrer Vertiefungen für die Dübel an. Alle Teile werden geschmirgelt und entstaubt, die Dübel in die Figuren leimen, Schneemann sowie Tannen auf der Grundplatte festleimen. Den Schneemann bemalen Sie mit den Lackfarben. Die Tanne und die Grundplatte färben Sie mit der Holzbeize grün, den Stern gelb. Anschließend tupfen Sie mit einem Borstenpinsel etwas weiße Farbe als Schnee auf die Tannen und die Bodenplatte.

56

Abbildung siehe Seite 54/55

Weihnachtsstern

Material

Sperrholz, 5 mm dick, 15 x 33 cm
Rundholz, 5 mm Ø, 17 cm lang
Holzbeize in Grün, Rot
Bastelfarbe in Grün
3 Perlen in Gelb, 6 mm Ø
Terrakottatopf, 12 cm Ø
Steckmasse
Schleifenband, 60 cm lang
Bindedraht
Zweige von Buchs, Tanne, Lebensbaum

Hilfsmittel

Bohrer, 5 mm Ø
Cutter oder Küchenmesser

So wird's gemacht

Sägen Sie die Blüte und die Blattform aus dem Sperrholz aus. Die Blattform durchbohren Sie in der Mitte, die Blüte wird leicht schräg angebohrt. Das Rundholz leimen Sie in die Bohrung der Blüte. Schieben Sie die Blattform auf das Rundholz, und fixieren Sie diese etwa 4 cm unterhalb der Blüte mit etwas Leim.
Beizen Sie die Blüte in Rot, Blattform und Rundholz in Grün. Die Blütenmitte mit Bastelfarbe in Grün aufmalen.
Mit dem Cutter oder einem Küchenmesser halbieren Sie die Perlen. Legen Sie die Perlen dazu auf ein Brett, setzen Sie die Klinge in der Mitte der Perle (Bohrung) auf, und drücken Sie die Klinge kräftig nach unten. Die halbierten Perlen kleben Sie nun auf die Blütenmitte auf.
Die Steckmasse so zuschneiden, daß sie stramm im Topf sitzt. Den Weihnachtsstern stecken Sie in die Mitte des Topfes, die frischen Zweige ringsherum. Das Schleifenband zur Schleife legen, mit einem Stück Bindedraht umwickeln und in den Topf stecken.

Schnittmuster siehe Vorlagenbogen Seite B

Jonglierender Schneemann

Diesem Wintergesellen macht die weiße Pracht so viel Freude, daß er Schneebälle durch die Luft wirbeln läßt.

Material

Massivholz, 18 mm dick, 23 x 25 cm
Sperrholzrest für die Nase, 10 mm dick
Farben in Rot, Schwarz, Weiß
kleine Zweige
Stoffrest in Rot, 6 x 40 cm
Strickstoff in Grün, 10 x 30 cm
Bindedraht
3 Wattekugeln, 3 cm Ø
2 Stiftnägel
Nähgarn in Grün

Schnittmuster siehe Vorlagenbogen Seite B

Hilfsmittel

Bohrer, 3 mm und 8 mm Ø
Hammer, Stopf- und Nähnadel
Cutter oder Schnitzmesser
Zackenschere, Stift

So wird's gemacht

Sägen Sie zunächst die Schneemannfigur und die Grundplatte aus dem Massivholz aus. Mit dem 8-mm-Bohrer an den Seiten die Löcher für die Arme anfertigen. Die Bohrungen für die „Haare" mit dem 3-mm-Bohrer leicht schräg nach oben ausführen. Die Nase sägen Sie aus dem Sperrholzrest zu und runden die Kanten mit dem Cutter und Schmirgelpapier stark ab. Die Figur mit Stiftnägeln und Leim auf der Grundplatte befestigen, ebenso die Nase im Gesicht plazieren. Schneemann nach Foto anmalen.

Für die Arme zwei Zweige von etwa 10 cm Länge in die Bohrungen leimen. Kleine, etwa 2 bis 3 cm lange, Zweigspitzen leimen Sie als Haare in die entsprechenden Bohrungen. Schneiden Sie aus dem roten Stoff mit der Zackenschere einen Streifen von 6 cm mal 30 cm, und binden Sie ihn dem Schneemann als Schal um den Hals. Mit Leim fixieren. Die Handschuhe viermal aus Strickstoff (zweimal seitenverkehrt) ohne Nahtzugabe zuschneiden. Legen Sie je zwei Teile rechts auf rechts zusammen, und schließen Sie die Naht. Stülpen Sie nun die Handschuhe um, schlagen Sie den Rand 1 cm nach innen ein, und nähen Sie ihn als Saum fest. Handschuhe auf die Zweigarme stecken, festleimen. Mit der Stopfnadel durchbohren Sie die Wattekugeln in der Mitte und fädeln diese auf ein 55 cm langes Stück Bindedraht auf. Die Kugeln auf dem Draht gleichmäßig verteilen und diesen in den Zwischenräumen um einen Stift zur Spirale wickeln. Stecken Sie die Drahtenden jeweils durch einen Handschuh und wickeln Sie den Draht dort zur Befestigung um den Zweig.

Weihnachtsgirlande

Ein festlicher Schmuck für Türen und
Schränke.

Material

Sperrholz, 7 mm dick, 15 x 25 cm
Sperrholz, 4 mm dick, 14 x 18 cm
Farben in Weiß, Rot, Gelb, Schwarz, Gold
Bindedraht

Hilfsmittel

Bohrer, 3 mm ⌀

So wird's gemacht

Für die hier abgebildete Girlande benötigen Sie
zwei Schneemannkörper, einen Engel und
sechs Arme aus 7 mm dickem Sperrholz. Aus

dem 4 mm dicken Sperrholz sägen Sie vier
Sterne und ein Flügelpaar aus. Zusätzlich ein
kleines Sperrholzstück von 1 cm mal 1 cm als
Abstandhalter für die Flügel aussägen.
Nach dem Aussägen bohren Sie die Löcher,
wie in der Vorlage gekennzeichnet, und
schmirgeln alle Teile. Zum Bemalen ziehen Sie
etwa 6 cm lange Stücke des Bindedrahtes
durch eine Bohrung der Teile und drehen die
Enden zusammen. So können Sie die Farbe
gleich von beiden Seiten auftragen und alles
zum Trocknen an einen Rundholzstab oder
Kochlöffel hängen.
Mit dem Bindedraht werden die Teile locker
miteinander verbunden. Erst ganz zum Schluß
leimen Sie die Flügel mit dem Abstandhalter
an den Engel.

Schnittmuster siehe
Vorlagenbogen Seite B

TIP

**Um die kleinen
Arme nicht aus-
sägen zu müssen,
können Sie auch
Rundhölzer verwen-
den. Sägen Sie
4 cm lange Stücke
von einem Rundholz
mit 8 mm Durch-
messer, und runden
Sie die Enden mit
Schmirgelpapier ab.
An jedem Ende der
Arme ein Loch für
den Bindedraht
bohren.**

Lebkuchenschleife

Lebkuchenmann und Lebkuchenfrau verraten, wo's zur Weihnachtsbackstube geht.

Material

Sperrholz, 14 cm dick, 12 x 13 cm
Farben in Weiß, Braun, Beige
Juteband, 10 cm breit, 120 cm lang
Schleifenband, 100 cm lang
Sisalschnur, 70 cm lang
Nähgarn

Hilfsmittel

Bohrer, 4 mm ∅
Nähnadel

So wird's gemacht

Sägen Sie die Figuren aus, und bohren Sie die Löcher, wie in der Vorlage gekennzeichnet, in die Köpfe. Bemalen Sie die Lebkuchenfiguren.
An den Enden des Jutebandes schlagen Sie die Ecken so ein, daß sich eine Spitze bildet. Nähen Sie diese fest. Legen Sie nun das Schleifenband auf das Juteband, bilden aus beiden eine Schleife, und binden Sie diese mit einer 50 cm langen Sisalschnur zusammen. Die Enden der Schnur kleben Sie in die Kopfbohrung der Lebkuchenfiguren. Bei der Lebkuchenfrau kleben Sie noch in die übrigen Bohrungen 2 cm lange Schnurstücke als Haare ein.

Schnittmuster siehe Vorlagenbogen Seite B

Fliegender Engel

Ein am Fenster vorbeischwebender Engel sorgt sowohl drinnen wie draußen für weihnachtlichen Zauber.

Material

Sperrholz, 9 mm dick, 21 x 31 cm
Farben in Rot, Gold, Gelb, Schwarz
Bindedraht
1 Schaschlikspieß

Hilfsmittel

Bohrer, 3 mm Ø
Seitenschneider
Cutter oder Küchenmesser

So wird's gemacht

Sägen Sie den Stern und den Engel je einmal aus dem Sperrholz aus. An den gekennzeichneten Stellen bohren Sie die Löcher und schmirgeln anschließend alle Teile glatt. Kürzen Sie den Schaschlikspieß auf 7 cm, und spitzen Sie die Enden mit einem Messer oder Cutter etwas an. Leimen Sie nun den Stern auf, und bemalen Sie beides in Gelb. Den Engel beidseitig bemalen.
Nach dem Trocknen der Farben den Schaschlikspieß in die Bohrung der Hand leimen. Für die Aufhängung nehmen Sie ein etwa 100 cm langes Stück Bindedraht doppelt und befestigen die Enden an den Bohrungen des Engels.

Schnittmuster
siehe
Vorlagenbogen
Seite B

Sitzender Engel

Zusammen mit Plätzchen- und Kerzenduft kommt mit diesem hübschen Engel die richtige weihnachtliche Stimmung auf.

Schnittmuster siehe
Vorlagenbogen Seite B

Material

Sperrholz, 7 mm dick, 20 x 30 cm
Lackfarbe in Weiß, Gelb, Rot, Schwarz,
  Braun, Gold
4 Stiftnägel

Hilfsmittel

Hammer

So wird's gemacht

Sägen Sie alle Teile für den Engel einmal aus dem Sperrholz aus. Schmirgeln und entstauben der Teile nicht vergessen!
Den Oberkörper des Engels setzen Sie mit zwei Stiftnägeln und Leim auf das Zwischenstück, so daß die Rückenfläche des Engels mit der hinteren Kante des Zwischenstückes bündig ist. Das Beinteil setzen Sie von vorne vor die Kante des Zwischenstückes (siehe auch Skizze).
Nun brauchen Sie den Engel nur noch zu bemalen und ihm ein schönes Plätzchen zuzuweisen.

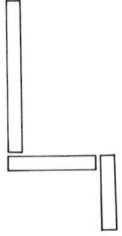

So setzen
Sie den Engel
zusammen.

Himmlischer Chor

Bei diesen festlich aussehenden Engeln wird einem ganz warm ums Herz.

Material für drei Engel

Sperrholz, 8 mm dick, 36 x 40 cm
Massivholz, 20 mm dick, 10 x 30 cm
Farben in Weiß, Gold, Schwarz, Rot, Gelb
Lackspray in Gold
Jute, 26 x 60 cm
3 Nägel, 3 x 35 mm
Zierdraht in Messing

Hilfsmittel

Bohrer, 3 mm ∅
Seitenschneider
Hammer
Heißkleber

So wird's gemacht

Die Engel aus Sperrholz und die Standfläche aus Massivholz sägen. An den in der Vorlage gekennzeichneten Stellen etwa 1 cm tief vorbohren. Schlagen Sie pro Engel je einen Nagel in die Bohrung der Standfläche ein und kneifen Sie den Nagelkopf mit dem Seitenschneider ab (Schutzbrille aufsetzen). Engel aufstecken und bemalen. Der Jutestoff wird zur Hälfte mit Leim bestrichen und zu einem 13 cm x 60 cm großen Stück doppelt gelegt. Nachdem der Leim getrocknet ist, schneiden Sie die Flügel und die Sterne aus und färben sie von beiden Seiten mit Goldspray. Die Farbe gut trocknen lassen. Die Flügel und Sterne mit Heißkleber an den Engeln befestigen. Zum Schluß biegen Sie aus 30 cm Zierdraht einen doppelten Ring, drehen die Enden zu einem Stiel zusammen und kleben ihn in die Bohrung am Kopf.

Schnittmuster siehe Vorlagenbogen Seite B

Die Deutsche Bibliothek – Cip-Einheitsaufnahme

Dekorative Laubsägearbeiten für Zuhause :
Anleitungen ; Vorlagen / Marion Dawidowski. –
Augsburg : Augustus-Verl., 1998
   ISBN 3-8043-0556-3

Fotografie: Klaus Lipa, Augsburg
Lektorat: Susanne Gugeler, Mering
Umschlaggestaltung: Christa Manner, München
Layout: Bernd Walser, München

Zum gleichen Themenkreis sind im Augustus
Verlag u. a. folgende Titel erschienen:

Wollenheit: Tierische Laubsägearbeiten
Wollenheit: Laubsägearbeiten Windspiele
Stieler/Wollenheit: Weihnachtliche
Laubsägearbeiten

AUGUSTUS VERLAG AUGSBURG 1998
© Weltbild Verlag GmbH, Augsburg

Satz: Bernd Walser Buchproduktion, München
Reproduktion: Fotolito Longo, Bozen
Druck und Bindung: Appl, Wemding
Gedruckt auf 115g/m² umweltfreundlich
chlorfrei gebleichtes Papier.
ISBN 3-8043-0556-3
Printed in Germany